QUATRIÈME CENTENAIRE

DE LA

DÉCOUVERTE DE L'AMÉRIQUE

CHRISTOPHE COLOMB

DISCOURS

PRONONCÉ A NOTRE-DAME

En présence de S. E. le Cardinal Archevêque de Paris

LE 16 OCTOBRE 1892

PAR LE R. P. FEUILLETTE

DE L'ORDRE DE SAINT-DOMINIQUE

DOCTEUR EN THÉOLOGIE ET EN DROIT CANON

PARIS

IMPRIMERIE A. QUELQUEJEU

10, RUE GERBERT, 10

—

1892

CHRISTOPHE COLOMB

QUATRIÈME CENTENAIRE

DE LA

DÉCOUVERTE DE L'AMÉRIQUE

CHRISTOPHE COLOMB

DISCOURS

PRONONCÉ A NOTRE-DAME

En présence de S. E. le Cardinal Archevêque de Paris

LE 16 OCTOBRE 1892

PAR LE R. P. FEUILLETTE

DE L'ORDRE DE SAINT DOMINIQUE

DOCTEUR EN THÉOLOGIE ET EN DROIT CANON

PARIS

IMPRIMERIE A. QUELQUEJEU

10, RUE GERBERT, 10

—

1892

Que sur cette terre créée par Dieu, qu'aux deux extrémités d'un vaste océan, à la distance de quinze ou dix-huit cents lieues, deux continents existent ; que deux mondes, plus grands que la mer qui les sépare, se dressent ; qu'à quelques semaines l'une de l'autre deux humanités vivent, palpitent, et qu'elles s'ignorent, voilà ce qui nous surprend, nous confond, nous humilie. Et pourtant, telle était la réalité, il y a à peine quatre siècles.

Deux humanités s'ignoraient, ou plutôt l'humanité, l'unique humanité, sortie des mains de Dieu, issue d'une même souche, d'une même paternité qui assure à jamais la fraternité de tous ses membres, cette humanité ne connaissait d'elle-même qu'une partie.

Que les naturels de l'Amérique se soient arrêtés au bord de la mer ténébreuse, qui peut s'en étonner? N'étaient-ils pas des peuples enfants, des sauvages?

Mais était-ce des sauvages, les fils du vieux continent, de l'Asie et de l'Europe, de ces contrées sur lesquelles avaient brillé toutes les lumières de la civilisation et le flambeau du christianisme? Était-ce des barbares ceux qui venaient de chanter « la divine Comédie », de donner la « Somme théologique », de peindre les fresques de Pise, de jeter dans les airs les tours et les flèches des cathédrales gothiques? Et cependant eux aussi, de ce côté du sombre océan, ils n'allaient guère plus loin, ils ne soupçonnaient guère plus loin que, de l'autre côté, ces autres enfants de la race humaine, leurs frères d'Amérique. Que dis-je, ils ne soupçonnaient pas? ils niaient.

En face de cette négation, affirmer; ne pas seulement conjecturer, hasarder des hypothèses, mais affirmer, jeter hardiment cette affirmation; là où la science, comme l'ignorance, prétend qu'il n'y a rien, rien que le vide des espaces sans fin que remplit seule la nuit, prétendre qu'il y a quelque chose, une île, des îles, un continent, le prétendre, le répéter à la face du doute comme à la face du mépris, proposer d'aller à la recherche de ce continent, s'y aventurer, et revenir rapportant des fleurs, des fruits, de l'or, des hommes, tous les produits de cette terre, revenir après avoir rapproché ces deux tronçons d'humanité, quelle œuvre, et quel homme elle suppose !

Le monde répare en ce moment une grande injustice. Christophe Colomb ne recevait ni de l'histoire, ni de l'âme des foules, le culte d'admiration et d'honneur auquel il avait droit. Le jour de la justice s'est levé. Déchirant le linceul d'oubli ou de dénigrement où on prétendait l'ensevelir, cette grande figure apparaît radieuse, dans l'éclat de son œuvre accomplie et de sa splendeur morale. Voilà que les noms oubliés de Palos, d'Huelva, de la Rabida sont répercutés par tous les échos ; les acclamations des peuples retentissent ; des rois, des reines s'unissent à ces manifestations, comme s'ils voulaient faire amende honorable pour toutes les injustices dont Colomb a été victime ; les flottes des deux mondes ont envoyé leurs feux de salve à la mémoire de l'incomparable marin, du plus grand des explorateurs.

L'Église, elle aussi, a voulu prendre part à ces fêtes ; et, par la voix de son chef auguste, elle nous demande, à nous catholiques, de nous réjouir, de rendre de solennelles actions de grâces à Dieu, en ce quatrième centenaire de la découverte de l'Amérique par Christophe Colomb. A quel titre l'Eglise intervient-elle? Sans doute parce que rien de ce qui se fait de bien, de beau, d'utile à l'humanité, rien de ce qui l'agrandit et la rapproche ne laisse l'Église indifférente; mais elle intervient aussi, parce que, comme l'a si bien dit le Souverain Pontife, Christophe Colomb est nôtre. C'est, avant tout, au nom de sa foi catholique, pour son extension et son rayonnement, qu'il a travaillé; sa foi a été son premier mobile dans l'accomplissement de son œuvre.

La France catholique ne pouvait rester étrangère à ces grandes manifestations. Christophe Colomb n'a-t-il pas servi la même cause qu'elle, la cause du catholicisme dans le monde? N'a-t-il pas ouvert à ses missionnaires ce champ immense d'apostolat qu'ils féconderont de leurs sueurs et de leur sang? Et dans plusieurs des contrées découvertes par lui, la France ne vit-elle pas toujours par sa langue, par son esprit, par sa foi?

Faire dans cette grande vie la part de l'homme et la part du chrétien, montrer le triomphe de son génie et le triomphe de sa foi, cette tâche imposée à ma faiblesse eût réclamé tout ce qui manque à ma parole.

Je regarde ma présence aujourd'hui dans cette chaire comme un acte d'obéissance ; il ne m'oblige pas moins à reconnaître et à bénir le sentiment de haute bienveillance et d'exquise délicatesse qui a inspiré à Votre Éminence de demander la louange du grand homme à un membre d'un de ces Ordres religieux que Christophe Colomb a tant aimés, et qui l'ont si puissamment aidé dans son œuvre d'apostolat.

I

C'est un plaisir de Dieu, dit saint Paul, que de prendre pour une œuvre difficile, extraordinaire, humainement impossible, ou le paraissant du moins, l'être le plus faible, le plus chétif, en apparence le plus impuissant pour une telle œuvre. Quand il a montré, en face de quelque colossale entreprise, en face d'une ville terrifiée à délivrer, comme Paris au cinquième siècle, en face de la papauté captive à Avignon au quatorzième, en face d'une nation qui sombre comme la France au quinzième, quand il a montré l'impuissance totale, avouée, des guerriers, des savants, des rois et des peuples, de tout ce qui est une force ici-bas, alors il met en mouvement le faible instrument qu'il tient en réserve; il suscite sainte Geneviève, sainte Catherine de Sienne, Jeanne d'Arc, et devant les prodiges opérés, les victoires, les triomphes obtenus par ces instruments de sa droite, il faut bien s'écrier : *a Domino factum est istud;* ceci, c'est l'œuvre de Dieu! La raison humaine a beau répudier cette intervention divine, l'histoire des siècles la proclame.

Christophe Colomb a-t-il été, lui aussi, un de ces instruments qui sont tellement rien aux yeux des hommes, qu'ils ne peuvent servir qu'à Dieu? Non, Messieurs, Christophe Colomb avait en lui, de par Dieu, sans doute, mais enfin il possédait les grandes qualités nécessaires à sa mission, à tel point que, ne regardant en lui que l'homme, on peut dire qu'il était naturellement de taille avec son œuvre.

Loin de nous la pensée d'amoindrir l'homme au profit du chrétien; celui-ci a une assez belle part pour que nous puissions, sans regret, accorder à l'homme tout ce que l'histoire permet et commande de lui donner. Or, l'homme était grand par l'intelligence et la volonté; et l'humanité peut être fière de lui.

Son génie lui a révélé le Nouveau Monde; son audace, son intrépidité, les prodiges de sa force morale le lui ont livré.

Il est rare que les grandes découvertes, comme les inventeurs de génie, ne rencontrent point de détracteurs. Christophe Colomb a subi la loi commune. Il s'est trouvé des historiens et des savants, je ne veux point leur supposer d'arrière-pensées, qui ont nié, les uns la priorité de la découverte, comme si, en admettant leurs affirmations, on pouvait appeler découvert un monde qui ne se révélait à personne ; d'autres ont déclaré que le progrès de la science rendait cette découverte imminente, comme si cette découverte n'avait pas été un agent puissant de ce progrès ; enfin il en est qui ont mis en doute la valeur scientifique de Christophe Colomb, comme si le génie avait toujours eu sa place dans les académies. On ne peut nier les travaux, les études, la science de Christophe Colomb sans se mettre en contradiction avec toute l'histoire de sa vie ; les plans dressés par lui, les luttes soutenues pour la défense de son idée, contre tous ses détracteurs, même devant des Universités, prouvent bien une valeur scientifique peu commune ; mais ce que nous croyons, c'est que son génie a changé en certitude toutes les présomptions que pouvait lui fournir l'étude de l'astronomie et des anciens documents ; sans cette certitude, sa vie serait inexplicable.

Voilà bien la prérogative, l'apanage des hommes de génie : en présence d'un problème difficile, ils le soumettent à une méditation profonde, et puis, à un moment donné, échappant à toute méthode, brisant toutes entraves, d'un bond ils arrivent à la solution vraie ; ils ne calculent plus, ils ne raisonnent plus, ils ne déduisent plus, ils voient; ils ne marchent plus, ils bondissent; et, devant tous les yeux stupéfaits, ils tombent juste sur une conclusion, sur un point fixe, sur un îlot que nul n'apercevait au milieu des flots, sur un sommet que nul ne soupçonnait dans la brume; pour eux, il n'y a pas plus de mi-côte pour s'arrêter qu'il n'y a de milieu pour marcher.

Colomb fut précisément un de ces hommes qui voient, qui voient à travers tout, qui voient par delà tout; et lui, c'était à travers toutes les contradictions, à l'encontre de toutes les affirmations, de toutes les preuves, de toutes les démonstrations, par delà la science de cinquante siècles et par delà la distance de deux mille lieues d'Océan. Quand il étendait son bras, là-bas, vers le lointain horizon, ce n'était pas de l'hésitation : « Il doit y avoir par là »; c'était une certitude : « Il y a là une terre. » Il la sentait, il la voyait, il la touchait. Il l'eût visitée déjà, il l'eût créée et déposée lui-même dans la fraîcheur des mers, qu'il n'eût pas été plus sûr.

Pendant dix-neuf ans, cette vision va se dresser devant lui, sans subir d'intermittence, plus haute que ses affections et ses intérêts, plus forte que ses déceptions, toute palpitante des nobles ambitions de son âme. Ce monde, il le porte en lui; aussi bien qu'au milieu des Océans, ce monde repose, vit dans l'océan de sa pensée, pesant sur elle de tout le poids du silence qui l'enveloppe, poids écrasant qu'il traîne dans toutes ses pérégrinations.

Aussi avec quelle joie vient-il chercher le soulagement dont il a besoin, dans le pieux asile que lui a ouvert l'amitié, asile fait à souhait pour son âme.

Le couvent des Franciscains de la Rabida s'élève en face de l'Atlantique, sur un promontoire d'où le regard plonge dans l'immensité des eaux; c'est dans cette austère et fortifiante solitude qu'il rassemble toutes ses énergies et retrouve le silence et le calme dont se nourrissent les grandes pensées. Il y a aussi d'autres jouissances. Son ami, le gardien du couvent, le Père Juan Perez de Marchena, est un savant, un astronome distingué; il a reçu les confidences de Colomb; il a vite compris les intuitions de son génie, ses gigantesques projets, et il lui apporte, avec les encouragements de l'amitié, le tribut de sa science. Il s'établit entre ces deux belles et grandes intelligences un échange incessant de larges vues, d'invincibles espérances; et, à quatre siècles de distance, on se sent encore ému devant le spectacle de ces deux hommes, sur ce promontoire, dans cette solitude, en face de cette mer ténébreuse, de ces deux hommes dont le clair génie en pénètre les profondeurs, en met en fuite les fantômes, fait tomber toutes les barrières, soulève le voile épais qui cache un continent. La pensée de ces deux hommes, flamme ardente et radieuse, monte plus haut dans le ciel, a une portée plus grande que les phares les plus puissants ; c'est l'étoile qui éclaire un monde.

Si le génie de Christophe Colomb resplendit dans la grande conception de sa vie, il se révèle aussi dans les moyens et les détails de l'exécution comme dans toutes ses autres recherches ; nous retrouvons là ces intuitions soudaines qui, sous la multiplicité des phénomènes extérieurs, démêlent la loi, la cause, ce coup d'œil rapide, impeccable qui, à travers toutes les résistances, pressent, devine le but et y marche tout droit.

Sans chiffres, sans calculs, par cette acuité de perception qu'on rencontre souvent chez les hommes de génie, il a la pénétration de l'inconnu ; il soupçonne le renflement équatorial, constate le grand courant océanique, devine, à

l'embouchure de l'Orénoque, le continent améri-
cain; derrière ce continent, il voit un autre
océan; il faut qu'il y pénètre; et ce sera pour
trouver le passage entre les deux mers qu'il en-
treprendra sa quatrième expédition, la plus pé-
rilleuse de toutes, à travers la mer des Antilles
et le golfe du Mexique.

Sans doute, ce marin consommé possédait tous
les secrets de la science maritime de son temps;
et puis, attentif à tous les phénomènes, il ne
laissait rien à l'imprévu; mais sa divination, si
j'ose employer ce mot, le sert mieux encore que
sa science.

Dans sa première expédition, il prend, pour
aller aux Antilles, le chemin le plus court et le
plus sûr, malgré les protestations répétées de
l'équipage et des officiers qui veulent, à tout prix,
incliner vers le sud. Il prédit le voisinage de la
terre, assurément sur des indices sérieux;
mais il l'annonce à jour fixe. Le ciel est pur, la
mer est calme; rien, même pour les matelots les
plus expérimentés, ne présage une tempête; lui,
la sent venir; il entend déjà son bruit, imper-
ceptible pour tous les autres; il semble qu'il la
voie bouillonner au plus profond des abîmes;
elle accourt, ainsi qu'il l'avait prédit, comme si
elle eût obéi à ses ordres; et une flotte de l'Es-

pagne est engloutie toute entière, parce qu'on a méconnu ses pressentiments, et dédaigné ses pressants avertissements.

Cette faculté de vive et profonde pénétration le sert, même dans les choses qui paraissent le plus étrangères à sa profession et à ses aptitudes; elle fait de lui un administrateur incomparable. Sans qu'il ait jamais étudié la jurisprudence, ses ordonnances pour régler la possession dans le Nouveau Monde, établir des formes de procédure, étaient empreintes d'un tel esprit d'équité, dénotaient une perception si nette des droits et des devoirs à déterminer, dans une situation unique, qu'après avoir été abrogées, au moment de sa disgrâce, elles durent être remises en vigueur.

Cette puissance intuitive a des révélations plus étonnantes encore. Dans cette créature d'élection, il y avait une âme d'artiste et, dans cette âme, l'intuition du beau; elle vibrait, comme toutes les belles âmes, en face des grands spectacles et des grandes harmonies de la création.

Aussi, quand ces cieux nouveaux et cette terre nouvelle jetèrent à son âme éblouie leurs riches trésors, quand il put contempler, sous des cieux embrasés, baignées dans une lumière plus

vibrante, les magnificences, les splendeurs de la
végétation des tropiques, les somptuosités de ces
pays du soleil, nul ne peut dire ce que furent
les jouissances de son âme, ses élans pour mon-
ter de ces éblouissantes réalités à la beauté suprême qu'il devinait derrière toutes ces mer-
veilles. Là, encore, nous saisissons la surprenante
sûreté de son coup d'œil. Faut-il, au milieu de
cette nature dont les lourdes richesses effacent
les reliefs, choisir un site pour la fondation
d'une ville, Saint-Domingue, par exemple ?
D'un coup d'œil il embrasse tout le paysage, et
l'emplacement qu'il détermine se trouve offrir,
avec la beauté du cadre, la proportion, l'harmo-
nie, une position unique pour assurer tous les
éléments nécessaires à la création, à la prospé-
rité et à la défense d'un pays, comme si, depuis
des siècles, cette nature n'attendait, pour prendre
vie, que l'âme d'un grand artiste.

Cette supériorité, cette maîtrise intellec-
tuelle, ce n'est pas seulement cette nature
ignorante qui la proclame, mais l'humanité entière salue dans cette belle et vaste intelligence,
qui s'est élevée à des conceptions géniales, une
de ses gloires les plus pures, un de ses enfants
qui l'honore davantage.

L'écueil des grandes intelligences, la cause de leurs avortements, l'abîme où, trop souvent, viennent sombrer les conceptions du génie, c'est la faiblesse, ce sont les défaillances de la volonté : l'intelligence et la volonté, ces deux grandes facultés de l'âme humaine, l'une qui éclaire, l'autre qui dirige la vie. Si leur dualité fait la richesse de l'homme, leur union fait sa force.

Intelligence et volonté, lumière et force, intuition et action, séparez ces deux choses, vous n'avez plus qu'un être incomplet, mutilé, qui n'aboutit qu'à des avortements. Donc, voir et savoir ne suffit pas, il faut vouloir. Ce n'est pas en regardant du côté de l'Amérique, si obstinément que ce fût, qu'on pouvait la découvrir et la révéler à ceux qui ne la voyaient pas. Il fallait délier ses bras ; il fallait agir ; il fallait convertir à sa cause, plaider, entraîner, triompher de l'opposition des hommes et ensuite de l'aveugle résistance des choses.

L'humanité est dure pour ses grands hommes, et leur fait souvent payer bien cher les honneurs qu'elle leur décerne après coup. Il semble qu'elle souffre qu'on la sorte de son apathie et de son amour de la routine ; et quand elle devine l'homme qui va déchirer devant ses yeux le voile qui lui cachait un secret de la nature, un mystère de la vie, lui révéler des horizons nouveaux, lui ouvrir des routes nouvelles, il n'est pas d'obstacles qu'elle ne dresse devant lui, pas de résistances qu'elle ne lui oppose, pas de souffrances et d'avanies qu'elle ne lui inflige ; et, avec la violence de ses préjugés, dans l'irritation de son repos troublé, elle lui crie : « Tu ne passeras pas. » Rien n'est plus beau que de voir une volonté humaine mesurer ces obstacles, calculer ces résistances, peser ces éléments hostiles, et dire simplement, dans la conscience de sa force : « Je passerai. »

C'est l'histoire de Christophe Colomb.

Le voilà seul avec son idée, sans vaisseaux, sans fortune, sans appui ; seul avec son idée comme but, seul avec sa volonté comme moyen. Ne craignez rien ; chez cet homme, le bras vaut la tête, et la volonté est aussi haute que le génie.

Il lui faut des vaisseaux ; son patriotisme lui inspire la pensée de les demander à Gênes, sa patrie ; elle, si fière de lui aujourd'hui, a le malheur de ne point voir, au front d'un de ses fils, l'éclair du génie, et repousse la gloire qu'il lui offre d'attacher son nom à la plus grande des découvertes.

Il se tourne vers le Portugal ; il y trouve un

roi dont l'esprit, ouvert à toutes les recherches scientifiques, et dont le cœur, avide de
gloire, accueillent aussitôt son projet. Mais pourquoi laisser à cet étranger l'honneur d'une telle
découverte? Ses plans, le travail de sa vie lui
sont volés, et le plus habile capitaine de la ma-
rine portugaise est chargé de les réaliser.

Le plus humiliant des échecs a pu convaincre
le roi de Portugal que non seulement la félonie
ne profite jamais, mais que, s'il fallait un génie
pour concevoir ces plans, il fallait un héros pour
les exécuter.

Secouant la poussière de ses pieds sur le seuil
de cette cour où il n'a trouvé qu'un piège, il
entre en Espagne qui sera pour lui la terre de
délivrance.

Mais l'heure de cette délivrance est loin d'avoir
sonné. Et quelle voie douloureuse que celle qu'il
va suivre pendant sept années !

Tout ce qui peut mordre sur une volonté humaine, l'entamer, la ronger, la briser, il l'a
connu et senti ; tout ce qui peut faire trébucher,
tout ce qui peut accabler, écraser, il l'a rencontré
sur sa route : la défiance des uns, les moque-
ries des autres, les humiliations, les délais, les
refus, les longues séances dans les antichambres,
un exode de sept années à travers l'Espagne, à

la cour, dans les camps, chez les grands et les puissants, partout où il croit trouver un appui, pour revenir le plus souvent, après des alternatives fatigantes d'espérances et de déceptions, à sa retraite de la Rabida, le cœur oppressé, meurtri par la résistance des hommes, mais l'âme toujours indomptable.

Christophe Colomb ne fut point heureux avec la science officielle de son temps; déjà, en Portugal, une Commission scientifique s'était prononcée contre lui; en Espagne, la Junte de Salamanque, après une discussion publique et un long examen, déclare à l'unanimité que « le projet (je cite ses expressions) reposait sur une base fausse et imaginaire, son auteur affirmant comme vérité ce qui est impossible. »

L'hostilité des savants ne le décourage pas plus que la résistance des grands; et déjà il tourne ses regards vers la France, quand intervient, avec une autorité souveraine, une femme incomparable, peut-être la plus noble des créatures qui ait régné sur des hommes, a dit un grand écrivain.

Les graves soucis de la royauté d'Isabelle de Castille, sa résolution héroïque d'abaisser le croissant devant la croix, de chasser l'islamisme de son dernier boulevard en Espagne et de mettre fin à une lutte de sept siècles, toutes ses entreprises patriotiques et les grandes réformes de son gouvernement avaient pu la distraire des projets de Colomb; mais sa grande œuvre terminée et Grenade reconquise sur les Maures, sans plus se laisser arrêter par les oppositions de la cour ou des académies, avec la confiance que lui donne la pénétration de son génie, elle lève tous les obstacles; et puisque le Trésor public est épuisé, elle offre en garantie, pour les frais de l'expédition, son trésor à elle, ses propres joyaux.

Colomb a maintenant des vaisseaux, des matelots. Mais ce rêveur de génie va-t-il être l'homme d'action qu'appelle une telle entreprise? Ses vastes conceptions ne vont-elles point sombrer dans l'inconnu de cet Océan qui l'attend?

C'est une belle et rude profession que celle de marin, une grande école où se développe l'énergie, la force morale. Dans cette lutte incessante, en apparence si inégale, dans ce duel parfois terrible, formidable, entre cette frêle créature qui est l'homme et cette puissance redoutable qui est l'Océan, quel saisissant spectacle! Ne dirait-on pas la lutte d'un atôme contre un monde?

Pour Christophe Colomb, ce courage, cette intrépidité naturelle à tout marin devait s'accroître encore de tous les dangers inconnus, de toutes les surprises d'une route inexplorée. Il va, en effet, déployer une énergie de volonté, une possession de soi, une force morale que rien n'étonne, que rien ne surprend, que rien ne déconcerte, un esprit de réflexion et de décision, ce mélange de maturité et d'audace, d'intrépidité et de sang-froid qui a fait l'admiration des hommes de mer les plus difficiles.

Ces caravelles qu'on lui donne déjà fatiguées, est-il bien sûr qu'elles puissent tenir la mer sous d'autres latitudes? Il les accepte avec bonheur; elles vont lui permettre de faire sa preuve. Ces vents d'Est qui les emportent dans une course vertigineuse et font la terreur de l'équipage, ne deviendront-ils pas un insurmontable obstacle pour le retour? Lui les bénit, parce qu'ils l'éloignent davantage et hâtent le jour de la découverte. Voilà qu'à l'approche de l'autre hémisphère, la boussole, ce guide infaillible, ce guide unique, semble prise de vertige; l'aiguille aimantée subit les variations les plus insolites; les pilotes sont terrifiés. L'étonnement que cause à Colomb ce phénomène ne lui enlève rien de son calme et de son sang-froid, et il parvient à rassurer l'équipage. Et, dans ces colères de l'Océan, dans ce déchaînement de toutes les forces de la nature qui, sous les tropiques, prend des proportions formidables, au milieu de ces tonnerres, de ces éclairs, comme il n'en avait jamais vu s'allumer dans le ciel, sur ces vagues écumantes se creusant en abîmes, s'élevant en montagnes, prenant dans leur choc des forces prodigieuses d'ascension, avec des retombées épouvantables qui balayent ou qui écrasent tout, il est là calme, impassible, donnant des ordres, paraissant vraiment commander à la tempête. Terrassé par l'âge et les infirmités, il n'abandonne point son commandement ; il fait porter son lit à l'arrière et, de là, dirige la manœuvre ; l'âme ne renonce pas un instant à son empire sur le corps.

Contre les flots, contre leur fureur aveugle et sauvage, l'homme a une défense, une muraille, une muraille de bois. Mais contre les hommes, contre ceux qui sont renfermés avec lui derrière cette frêle muraille, contre leur fureur, cette fureur plus sauvage que celle des flots, parce qu'elle n'est pas aveugle, parce qu'elle est savante et calculée ; contre cette fureur que déchaînent tour à tour la peur d'abord, puis la faim, puis la trahison : la peur des matelots à la première expédition, leur détresse à la deuxième, la trahison des officiers à la troisième; contre cette fureur que montent, que poussent, qu'exaspèrent à la quatrième expédition toutes ces choses réunies : la faim, la soif, la trahison, la maladie, la révolte; sur cette terre, au fond de ce golfe de la Jamaïque, entre Colomb sans caravelles (la tempête les a détruites), entre Colomb menacé par les Indiens qu'irritent les cruautés des Espagnols, menacé par les Espagnols que soulève contre lui la perfidie de ses lieutenants ; entre Colomb et ces cris, ces insultes, ces malédictions, ces poignards, qu'y a-t-il? Rien ; rien que l'impassibilité plus douce encore qu'inébranlable d'un front qui domine et contient les plus insolents des révoltés sans braver le plus timide. Sans une menace contre tant de menaces, sans une feinte contre tant de duplicités, sans un emportement contre tant de colères, sans une main levée contre tant de bras menaçants, sans un dédain contre tant de mépris, le voilà le fort qu'a trempé la patience ! le voilà l'inflexible qu'a cuirassé la douceur ! le voilà l'homme complet, un des rares qui ne dominent pas seulement les faiblesses et les lâchetés de leur temps, un des rares qui dominent à jamais les plus grands de l'humanité dans tous les siècles !

II

Disséquer une âme, l'analyser fibre à fibre jusqu'en ses dernières profondeurs, en mesurer l'amplitude, la hauteur, en dénouer les complexités, éclairer l'étrange chaos de pensées et de sentiments qui s'y heurtent ou s'y harmonisent, c'est une œuvre difficile, une curieuse et passionnante recherche; derrière cette œuvre, au bout de cette recherche, il en est une autre et plus difficile et plus passionnante, la plus attachante et d'ordinaire, hélas! la plus désespérante.

Cette intelligence, qui l'a émue? cette volonté, qui l'a attirée, qui l'a poussée? Cet homme, qui l'a mis debout, qui l'a lancé? Quel est le but, le ressort, le pourquoi de cette vie? Jusque-là, vous n'avez fait que l'anatomie d'une âme. Ce qui m'intéresse, plus encore que la force déposée là, c'est le choc qui a ébranlé, c'est l'étincelle qui a chauffé cette force, c'est la raison qui l'a déterminée à l'action.

Le but entrevu par la raison, la hauteur et la

valeur de ce but fait la hauteur et la valeur de l'homme. Or, pour Christophe Colomb, quel a été le mobile premier, déterminant, celui qui donne sa vraie mesure? Était-ce la gloire? Était-ce la richesse? Était-ce le goût des aventures?... Ici toutes nos fibres de chrétien s'émeuvent; car, cette vie, elle est un chant splendide à la gloire de notre foi, de la foi catholique.

La suprême pensée de Dieu dans son œuvre créatrice et dans la formation des mondes, c'est sa gloire; la suprême manifestation de sa gloire, c'est la révélation de son amour; la suprême révélation de son amour, c'est le don de son Fils Jésus-Christ, sa naissance, sa vie, sa mort et, au lendemain de sa mort, la fondation de son Église en qui le Christ, tous les jours, et jusqu'à la fin des siècles vit, parle, évangélise et sanctifie tous les hommes. Donc, glorifier Dieu, en attirant tout à lui, entre les bras de son Fils, par les mains toujours vivantes de son Église, voilà le plan de Dieu dans le monde, le plan où, bon gré, mal gré, tout vient aboutir.

Quand une créature humaine entre dans ce plan de Dieu, que, conformant sa volonté à la volonté divine, elle demande à consacrer à la réalisation de ce plan ses forces, ses puissances, sa vie, alors cette créature grandit; ses facultés sont surélevées ; elle est associée au travail de Dieu ; elle y trouve sa gloire, une gloire plus qu'humaine, puisque c'est la gloire même que Dieu cherche. Et si cette créature est appelée à révéler ce plan divin et à l'appliquer à des milliers d'êtres humains qui, sans elle, l'eussent ignoré à jamais, il est évident qu'elle devient une force choisie, un instrument préféré de la Providence, une grande puissance d'apostolat.

Que cette ambition de travailler au plan de Dieu dans le monde ait été le mobile déterminant, le premier moteur de l'œuvre de Christophe Colomb, le ressort de ses actes, l'âme de son entreprise, ce qui a imprimé à son être les vibrations les plus fortes, donné à sa volonté des énergies surhumaines, tout le prouve. Refuser de le reconnaître, essayer d'enlever à cette grande figure le rayonnement de sa foi, ce serait lui infliger la plus odieuse mutilation.

La foi de Christophe Colomb a fait de lui un apôtre et un martyr.

Ces désirs haletants de sa foi, ces saintes ivresses d'apostolat, il les communique à son ami le Prieur de la Rabida, et ces deux âmes d'élite, dans leurs veillées solitaires, en face de l'immensité de l'Océan, sous l'infini du ciel, mêlent à leurs entretiens scientifiques les effusions de leurs espérances chrétiennes.

Quand il est enfin admis en présence d'Isabelle, cette reine d'un si ferme génie, au cœur si grand, du premier coup il la gagne à sa cause, sans doute par l'élévation de son intelligence, la valeur de ses arguments, mais aussi et surtout par les sollicitations pressantes de sa foi : un monde à conquérir à Jésus-Christ, voilà l'argument décisif pour cette grande chrétienne.

Dans le testament écrit par lui quelques mois avant sa première expédition, l'objet de sa mission est expressément indiqué : étendre le royaume de Dieu, agrandir le champ évangélique, donner des âmes à Jésus-Christ et à l'Église. Mais ses actes ajouteront à ses paroles un témoignage décisif.

Voyez ce mouvement dans le port de Palos. Est-ce bien un voyage de découvertes qui se prépare ? N'est-ce pas plutôt une expédition religieuse, le départ d'apôtres qui s'en vont à la conquête des âmes ?

Tout l'équipage vient de communier, son chef en tête ; celui-ci monte la *Sainte-Marie,* un nom qui doit appeler sur sa caravelle les plus doux rayons de l'Étoile de la mer ; il fait arborer le pavillon royal au milieu duquel est empreinte l'image du Sauveur en croix; d'une voix forte, au nom de Jésus-Christ, il commande de déployer les voiles. C'est par ce nom sacré qu'il commence son journal de bord, non sans y avoir consigné de nouveau, dans une affirmation solennelle, le but religieux et apostolique de l'expédition. Ces sentiments de foi, de confiance en Dieu, il cherchera à les entretenir au cœur de ses officiers et de ses matelots; tous les jours, sur le pont, se chante une hymne à la Vierge.

Et la brise, une forte brise, enflait les voiles des trois caravelles qui glissaient rapides et légères sur la plaine mouvante, dans les solitudes inexplorées de l'Océan. N'est-ce pas la vision d'Isaïe? « Quels sont ceux-ci qui volent comme des nuées et comme des colombes revenant à leur nid? Ils établiront la gloire du Seigneur et ils annonceront sa louange dans les îles. »

Le signal annonçant la terre s'est fait entendre; Colomb tombe à genoux et son cœur se fond en actions de grâces. Le premier, il pose le pied sur cette terre; il se prosterne; il y plante l'étendard de la croix et laisse jaillir de son cœur une prière sublime au Dieu créateur et au Verbe éternel; puis, toujours au nom de Jésus-Christ, il prend possession de cette terre pour la couronne de Castille.

Mais, plus encore que la suzeraineté de l'Espagne, la vraie royauté qu'il veut établir sur ces
terres nouvelles, c'est celle de Jésus-Christ. Le
vrai roi qu'il sert, c'est Lui.

Les découvertes se multiplient; les îles suc-
cèdent aux îles; toujours une croix marque la
prise de possession; des croix, il en fait planter
sur tous les sommets. Il veut qu'elles s'élèvent
comme un trophée glorieux sur ce nouveau
monde, où c'est vraiment le Christ qui entre en
triomphateur. Et tous ces noms appliqués à
chacune de ses découvertes : Saint-Sauveur, la
Trinité, Sainte-Croix, la Conception, les Saintes-
Maries, la Dominique, Saint-Domingue et tant
d'autres que les voyageurs d'aujourd'hui pronon-
cent avec insouciance, est-ce que tous ces noms
ne sont pas autant d'actes de foi jaillis du cœur
et tombés des lèvres de Colomb?

Maintenant que Dieu l'a amené sur le
champ de son apostolat, il va commencer son
travail.

Il a bien au cœur toutes les divines passions
de l'Apôtre : l'amour de Jésus-Christ, ce roi de
son âme qui a daigné faire de lui son précurseur
dans un monde nouveau; l'amour de la douce
Vierge Marie que l'apôtre invoquera comme le
marin l'invoquait; il sait bien que la conquête

apostolique n'avance point quand cette divine messagère ne lui ouvre pas les voies ; enfin, en véritable apôtre, il se sent l'amour, la passion des âmes qu'il veut sauver. Il les aime déjà d'une tendresse de père, d'une sollicitude d'ami. Il est pris d'une immense compassion pour leur débilité morale ; il sourit à leurs étonnements, à leur naïveté d'enfant et se prête à leur curiosité indiscrète. Pressentant ce que ces natures simples et faibles vont avoir à redouter de la violence et de la cupidité de ses compagnons, de suite il se déclare leur défenseur.

Cet homme fort dans l'action, intrépide en face du danger était si plein de bienveillance et de condescendance pour les autres, qu'on lui a fait un crime de sa mansuétude ; il ne devenait sévère, inflexible, que lorsqu'il s'agissait de défendre les droits, la liberté, la vie de ses Indiens. L'histoire a conservé cette belle parole de lui à la reine Isabelle, cette parole qui trahit tous les sentiments de son âme : « Les Indiens sont la « richesse de l'Inde. »

La main de l'homme va bientôt promener son avidité à travers les richesses et les magnificences de cette puissante nature ; elle creusera dans les entrailles de cette terre privilégiée pour lui arracher ses trésors ; elle plongera dans les profondeurs de ses mers pour en retirer les perles splendides ; pour Colomb, le vrai trésor, la perle incomparable, c'est l'âme d'un seul de ces Indiens : Oui, les Indiens sont la richesse de l'Inde.

L'apôtre apparaît bientôt sous le manteau du vice-roi. Il n'a pas avec lui de missionnaires ; mais lui-même n'hésite pas, pour offrir à Dieu les prémices de l'Évangile, à commencer l'initiation de ces pauvres infidèles ; et, s'il ne peut, par le langage, faire pénétrer dans leurs âmes les pensées et les sentiments de la foi, il cherche, par l'éloquence du geste et la flamme du regard, à leur faire comprendre le mystère de cette croix qu'il adore et la bonté du Père commun qui est aux cieux.

Des missionnaires, voilà le cri de sa foi : des ministres de Dieu qui arrivent chargés de toutes les grâces et de toutes les bénédictions du ciel ; des apôtres qui fassent passer sur cette terre tous les souffles divins, ce grand courant de la parole apostolique qui a retenti sur tous les rivages de l'Ancien Monde, mais dont les échos venaient se perdre, jusqu'à présent, dans les brumes de la mer ténébreuse ; des prêtres de Jésus-Christ enfin qui fassent couler à flots sur cette terre le sang Rédempteur, et qu'ainsi s'accomplisse la dernière des antiques prophéties : « Depuis le lever du soleil jusqu'à son couchant, le sacrifice pur et sans tache sera offert au nom du Seigneur. »

A peine de retour en Europe, il fait, de l'envoi de missionnaires et de l'organisation de la hiérarchie catholique aux Indes, l'objet de sa première et de son ardente sollicitude. Il s'adresse au père de sa foi, au Souverain Pontife. En vrai fils de l'Église, il lui soumettra non seulement les questions qui relèvent directement de sa mission, mais celles aussi qui intéressent le bonheur temporel des peuples et la paix du monde et pour la solution desquelles il réclamera son arbitrage.

La papauté a toujours reconnu dans Christophe Colomb un fils soumis de l'Église, un fils qui a glorieusement travaillé pour sa mère ; des papes lui ont rendu ce témoignage, depuis Alexandre VI qui le proclamait un homme providentiel jusqu'à Pie IX l'appelant un héros chrétien, jusqu'à Léon XIII qui vient de lui décerner le plus magnifique éloge qui puisse tomber de la bouche d'un Souveain Pontife, pour un chrétien qui n'est point encore sur les autels.

A sa seconde expédition, l'Église catholique,

représentée par un Vicaire Apostolique et de nombreux missionnaires, prend solennellement possession du Nouveau Monde. Il ne suffit pas à Colomb d'assurer le présent, il veut encore assurer l'avenir; et, dans son institution de majorat, dont l'injustice d'un roi fera une lettre morte, il prescrit la fondation d'un collége apostolique pour la propagation de la foi; son génie chrétien lui faisait entrevoir cent vingt-cinq ans à l'avance cette grande institution de la Propagande qui a tant contribué à l'évangélisation du Monde.

Cet apostolat, il l'entoure d'une vigilance inquiète et lui prodigue ses services; il demande, et ceux-là seuls qui ne comprennent pas le zèle d'un vrai chrétien pour le salut d'une âme pourraient s'étonner de cette exclusion, il demande qu'on interdise l'entrée des Indes à ceux qui ne professent pas la religion catholique et aux indignes, tant il craignait pour l'âme de ses Indiens tout contact corrupteur.

Et quand il est privé de son commandement, dépouillé de tout, savez-vous quel est son rêve ? De conduire là-bas des missionnaires. Lui qui n'a révélé à l'Ancien Monde le Nouveau Monde que pour révéler à celui-ci le Monde éternel, il mettrait sa gloire à se faire passeur de missionnaires.

N'est-ce pas ce souffle apostolique qui a déterminé les grandes amitiés religieuses de sa vie et l'a poussé, par une invincible attraction, vers les deux foyers apostoliques les plus puissants alors? Qu'il nous soit permis à nous, les fils des défenseurs et des amis de Christophe Colomb, qu'il soit permis à notre piété filiale de nous glorifier d'avoir été honorés de l'amitié de ce grand homme.

Les fils de saint François ont ici la place d'honneur. Ils l'ont accueilli au début de sa mission; ils l'ont recueilli à la fin de sa vie; c'est dans leur couvent que sans cesse il allait retremper son âme, au jour du triomphe, comme au jour des grandes épreuves, et l'on vit souvent le grand amiral, le vice-roi des Indes cacher ses titres et sa gloire sous l'humble habit d'un tertiaire franciscain.

A l'Université de Salamanque, dans sa lutte contre les vieux préjugés, il trouva chez les Dominicains d'intrépides défenseurs. Ses gigantesques projets éveillaient des échos vibrants dans les murs de notre couvent de Saint-Étienne de Salamanque dont il était l'hôte choyé et admiré. Après sa découverte, de nombreux ouvriers s'y offrirent à lui pour la conquête apostolique du Nouveau Monde. Et ne semble-t-il pas que son âme ait passé toute entière dans l'âme de ce Barthélemy Las Casas dont le nom est indissolublement lié à la cause, à la défense des Indiens? Ce fils de Saint-Dominique, déjà chargé d'années, traversa quatorze fois l'Océan, pour venir jeter à l'Europe le cri de sa conscience indignée par les humiliations infligées à sa foi dans l'atroce persécution que subissaient les Indiens, par les outrages faits à la liberté, à la justice, à l'humanité; et, ce devoir accompli, il retournait sur le champ de son apostolat ouvrir de plus larges sillons à la semence évangélique.

Il est donc bien vrai que, dans l'intention de Christophe Colomb, cette expédition a été un acte solennel de propagande chrétienne; elle a été inspirée par sa foi, poursuivie avec les énergies de sa foi, consommée pour le triomphe de sa foi. Elle est ainsi la glorification du génie catholique.

Oui, Christophe Colomb est nôtre; l'Église a le droit de le revendiquer, et jamais *Te Deum* n'a été mieux justifié sous les voûtes d'une cathédrale catholique.

Il eût manqué quelque chose à cette grande figure, si Dieu n'avait achevé sa beauté par l'auréole de la souffrance. Le plus beau, mais aussi le plus redoutable privilège que Dieu puisse accorder à un grand homme, c'est de le mettre sur la croix; là se révèlent les suprêmes énergies de son âme; là se fait la dernière démonstration de sa vie.

Colomb a été honoré de cette attention divine, et les épreuves inouïes que Dieu lui a ménagées viennent, plus encore peut-être que son apostolat, témoigner de sa foi.

Quand il était aux prises avec les labeurs, les difficultés, les dangers de son entreprise, nous avons vu sa force morale, supérieure à tout, recevant, sans en être ébranlée, le choc de toutes les oppositions, de toutes les hostilités; mais voici des épreuves hors de proportion avec les forces humaines.

La cause première, l'agent le plus puissant de la souffrance ici-bas, c'est l'homme. Plus redoutable que les forces aveugles, que les êtres malfaisants de la création, il a su trouver des raffinements inouïs pour torturer ses semblables.

Christophe Colomb était appelé à connaître ces abîmes de la perversité humaine. Elle ne désarme ni devant le génie, ni devant la splendeur morale. Comme les ténèbres ont horreur de la lumière, ainsi les passions mauvaises s'ir-

ritent, s'exaspèrent en face d'une grande âme.
L'œuvre prodigieuse de Colomb, la dignité de
son caractère, son esprit de justice, sa droiture,
sa bonté d'âme éveillent contre lui des jalou-
sies, des haines féroces, les pires instincts d'âmes
basses et vénales; et toutes ces infamies ont leur
assouvissement et leur triomphe dans cet exé-
crable forfait : Christophe Colomb traité comme
le dernier des criminels et mis aux fers !

Oui, l'on vit ce spectacle inouï qui fait autre-
ment frissonner l'âme que les grands drames de
l'antiquité : l'homme qui avait découvert un
monde, réuni deux fractions de l'humanité, fait
l'unité physique du globe, saisi en pleine découverte, en pleine gloire, sur l'ordre d'un mo-
narque enrichi par lui d'immenses domaines, et
traverser, les fers aux pieds, cet Océan que, le
premier, il avait soumis et dompté. S'il y avait
dans les choses l'âme que leur prête la poésie,
comme cet Océan eût tressailli sous le poids de
ce captif enchaîné; comme cet outrage à celui
qu'il pouvait appeler son maître et son roi, lui
eût fait mépriser l'ignominie des hommes.

Mais, pour un chrétien, depuis la grande leçon
du Calvaire, depuis le triomphe de la croix, tout
instrument de supplice est un trophée. Il y a
des échafauds qui apparaissent dans des splen-

deurs d'apothéose ; il y a des bûchers dont la flamme enveloppe comme d'un nimbe leurs victimes ; et ces chaînes de Colomb jettent des reflets étincelants qui fascinent, qui éblouissent ; l'humanité voudrait les baiser avec amour.

Ces chaînes qui ont meurtri ses pieds, il les gardera ; il voudra les avoir sous les yeux, suspendues aux murs de sa chambre, non par ostentation, ni par un sentiment amer d'orgueil froissé, mais pour qu'elles lui soient une leçon toujours vivante, la preuve de la fragilité des honneurs de la terre, du néant de toute chose ici-bas. Et admirez ce triomphe de sa foi : l'âme du chrétien est prise d'un scrupule ; ces chaînes, elles peuvent rester un grief contre la royauté, entretenir au cœur des siens l'indignation contre les injustices royales ; alors, inspiration sublime d'humilité chrétienne, il ordonne qu'on les mette près de lui, dans son cercueil ; dans son désir de pardon, dans son besoin d'humilité, il veut ensevelir avec lui, dans sa tombe, l'ingratitude elle-même.

La haine achève son œuvre. Ni l'iniquité de cet odieux traitement, ni les larmes de honte qu'il arracha au grand cœur de la protectrice de Colomb, n'ont désarmé l'hostilité hypocrite et opiniâtre de Ferdinand d'Aragon, de ce roi qui a trop bénéficié du voisinage d'une femme de génie, et qui doit porter devant l'histoire la responsabilité de ce crime.

Plus tard, au mépris de tous ses droits, en violation d'un contrat solennel placé sous l'invocation de la Sainte Trinité, de la Vierge Marie et de saint Jacques, patron de l'Espagne, d'un contrat scellé du sceau des deux couronnes de Castille et d'Aragon, Colomb se voit enlever son gouvernement; on abolit sa vice-royauté; on le dépouille de ses honneurs et de ses revenus; d'autres sont appelés à recueillir l'héritage de son génie. Celle qui l'avait longtemps couvert d'une haute amitié, à laquelle les artifices et les mensonges du roi enlevaient souvent son efficacité, Isabelle n'est plus. Blessure profonde faite à ce noble cœur, il n'a pas eu la consolation de la revoir et de lui redire son immense gratitude.

Maintenant qu'aucun retour de fortune n'est plus possible, que la déchéance est complète, que son intégrité et sa droiture ne sont plus à redouter, qu'il ne peut plus rendre de services, voilà le moment choisi par toutes les laideurs et les bassesses morales pour lui porter les derniers coups. On conteste, on nie tout : la grandeur de sa découverte, son courage, sa fidélité, son désintéressement ; les courtisans le criblent de leurs épigrammes ; les écrivains, sous l'œil du maître, lui font l'injure de leur silence ou de leurs calomnies ; la foule elle-même, la foule qui un jour l'a acclamé avec transport, la foule, adoratrice du succès, se détourne avec indifférence, et va porter à d'autres son enthousiasme et ses acclamations.

C'est l'isolement. Rien ne fait le vide autour d'un homme comme le malheur, la disgrâce, et surtout le dénuement et la pauvreté. Colomb en était arrivé là.

Par contrat, il avait droit à une partie du revenu des Indes. Cette clause, il en avait demandé l'insertion, parce qu'il voulait faire servir les richesses qu'elle lui assurait, à la réalisation du projet grandiose inspiré par sa foi : la délivrance ou le rachat du Saint-Sépulcre ; il voulait aussi fonder des œuvres d'apostolat destinées à assurer à perpétuité l'évangélisation du Nouveau Monde.

Il réclame l'exécution du contrat ; on oppose à ses protestations un silence dédaigneux ; mais la parole royale est engagée? On cherche alors à extorquer sa signature et à lui arracher par surprise la renonciation à tous ses droits. Les galions arrivent dans les ports chargés de l'or et des richesses du Nouveau Monde; le Trésor public s'emplit; des fortunes colossales s'élèvent; Colomb, lui, n'a pas de quoi payer les officiers et les matelots qu'il a eus sous ses ordres, dans la dernière traversée; eux aussi s'étaient révoltés contre lui, avaient attenté à sa vie et perdu tous leurs droits à sa sollicitude; qu'importe? Colomb vend tout ce qui lui reste, ses plus chers souvenirs, et il emprunte pour acquitter ce que sa charité lui fait considérer comme une dette sacrée.

Cette pauvreté, oui elle pèse lourdement sur lui, parce qu'elle est la ruine de toutes ses espérances, de tous les projets enfantés par sa foi de chrétien et d'apôtre.

Mais sa grande souffrance, la souffrance plus dure que l'isolement, plus amère que la pauvreté, que la calomnie, que tous les dénis de justice, celle qui vraiment fait saigner son âme, c'est la souffrance que lui cause l'oppression des pauvres Indiens, les atroces traitements infligés à ses enfants de là-bas. Tant qu'il a pu rester au milieu d'eux, il les a défendus avec un indomptable courage; même son inflexible sévérité pour les protéger contre la violence et la rapacité a allumé les haines féroces dont il est aujourd'hui la victime. Depuis qu'il n'est plus là, il le sait, ils sont à la merci de toutes les avidités et de toutes les brutalités ; son départ a amené le déchaînement d'appétits et de convoitises longtemps contenus ; sur ces malheureuses contrées, qu'il avait quittées si belles, si pleines d'espérances, roulent des torrents de sang et de boue ; et lui, oublié, discrédité à deux mille lieues de cette terre de prédilection, il est réduit à l'impuissance !

Comprenez bien cet indicible tourment :

Il se regardait comme le messager, l'envoyé de Dieu à ces peuples nouveaux ; et voilà que tous les biens, tous les trésors du ciel que son âme apostolique leur apportait, leur sont arrachés brutalement ; ou plutôt sont comme bafoués dans une sinistre parodie. Il leur apportait l'amour et la charité, c'est la haine qui les poursuit ; il leur apportait la douceur ; ils subissent toutes les violences ; il leur apportait la liberté ; ils sont assujettis au pire des esclavages ; il leur apportait la fraternité ; cette fraternité, c'est le fratricide ; il leur apportait le bonheur ; ils sont plongés dans un abîme de malheurs sans nom ; il voulait ouvrir le ciel sur leurs têtes, c'est un enfer d'oppression, de honte, de désespoir qui est creusé sous leurs pieds.

L'âme de Colomb est brisée, broyée dans d'inexprimables angoisses ; il se prend à douter de la bonté de son œuvre ; il demande à Dieu de lui pardonner le martyre de tant d'innocents ; et l'intensité de sa souffrance lui arrache ce cri de détresse : « Qu'il pleure sur moi, celui qui aime la vérité et la justice. » Oui, il a été vraiment le martyr de son apostolat.

L'heure de la délivrance allait sonner pour ce bon et fidèle serviteur ; sa mort vient achever la leçon de sa vie ; il est impossible de trouver plus de grandeur dans plus d'obscurité.

C'est dans une chambre d'hôtellerie, à Valladolid, que le drame de cette vie va avoir son dénouement.

Il est étendu sur un lit de douleurs, revêtu de l'humble livrée des fils de saint François. Ils sont là, ces fidèles compagnons de sa vie, ces amis des jours mauvais pour lui apporter, avec les suprêmes bénédictions du ciel, l'appui de leur fraternelle affection. Sur leurs visages se trahit l'angoisse des derniers adieux, mais bien adoucie par l'ineffable paix qui rayonne sur eux de l'âme de leur frère. Cette belle et noble tête sur laquelle ont reposé les destinées d'un monde, elle est enveloppée d'une sérénité lumineuse, si douce à contempler, qu'on la croirait éclairée par le jour de l'éternité ; et puis ses yeux se ferment doucement et son âme s'ouvre aux clartés éternelles.

Les enfants de saint François se hâtent d'emporter dans leur couvent la chère et précieuse dépouille, ce trésor dont seuls ils comprennent le prix.

Christophe Colomb n'a pas eu d'obsèques nationales ; la chronique de Valladolid n'a pas daigné faire mention de cette mort dans ses faits divers ; la foule, toute préoccupée de l'arrivée prochaine d'altesses royales, ne s'est point dérangée pour venir saluer cette royauté du génie et de la vertu. Mais la pompe des funérailles, mais les dithyrambes qui sonnent creux et faux, mais les aveuglements ou les curiosités de la foule, tout cela ne fait pas le génie, la vertu, l'efficacité, la fécondité des œuvres et surtout la dignité et la beauté de la vie ; tout cela, c'est l'immortalité d'un jour ; et dans l'humble et silencieuse crypte du couvent des Franciscains de Valladolid, il y avait plus de lumière, une lumière plus pure, plus radieuse, plus bienfaisante, il y avait plus de gloire impérissable, plus de sève d'immortalité que dans tous les Panthéons du monde.

Quand les passions n'ont point désarmé devant

les grandes souffrances, elles font silence devant
la mort; il était réservé à Christophe Colomb
de subir leurs outrages jusque dans le tombeau.
Il fallait bien que l'ingratitude couronnée prît
ses précautions contre les surprises de l'histoire.
Cette tombe, elle enferme des droits que rien
ne peut prescrire; ce mort, il est le créancier de
la couronne d'Espagne; s'il allait revivre, si les
portes de l'histoire allaient s'ouvrir pour lui, si
l'humanité allait se reprendre à admirer son
génie et son œuvre, quelle humiliation et aussi
quel mépris pour ses bourreaux! Et alors, im-
placable fatalité du mal qui doit aller jusqu'au
bout de ses forfaits, après lui avoir volé son bien,
il fallait confisquer sa mémoire. Il se forme un
accord tacite de toutes les platitudes, de toutes
les servilités, pour faire le vide autour de cette
tombe et l'enfermer dans un éternel silence; il se
noue, je ne sais quelles complicités honteuses
pour attribuer à un autre la gloire de la découverte, pour que son nom lui-même périsse et
n'éveille plus rien dans la mémoire des hommes,
comme si on pouvait enchaîner ici-bas la vérité,
le droit, la justice! Ils y ont des retours sou-
dains et imprévus; c'est ce qui fait l'effroi
des bourreaux et l'invincible espérance des
victimes.

Il semble que Dieu ait voulu, aussitôt après sa mort, glorifier à sa manière son serviteur.

Là-bas, sur la plus haute colline dominant la magnifique plaine d'Haïti, s'élevait une croix plantée par Christophe Colomb. L'injustice et la violence, en le dépouillant de tout, ont rendu inutiles toutes les dispositions de sa charité pour ses pauvres Indiens; il se trouve que cette croix est le seul legs qui reste de lui au Nouveau Monde.

Cette croix, il l'aimait; du lieu où elle se dressait, il avait fait son pèlerinage de prédilection; il y venait faire publiquement sa prière matin et soir, se livrer à de profondes méditations; et le peuple ne pouvait la regarder sans associer à ce glorieux symbole le souvenir de Colomb.

Et voilà qu'après sa mort, par on ne sait quelle mystérieuse impulsion, le peuple se porte vers cette croix; toutes les souffrances, toutes les détresses, toutes les misères humaines viennent là implorer le soulagement et la délivrance; les foules accourent de toutes les îles voisines. O prodige! le divin Crucifié répond à ces témoignages de confiance et d'amour par des grâces si merveilleuses, par des bienfaits si nombreux, par de si grands miracles que la foule, dans l'enthousiasme et les transports de sa foi, appelle ce bois sacré la vraie croix et que deux villes se fonderont sous ce vocable : « Vera Cruz, la vraie croix », en mémoire des insignes faveurs qu'il rappelle.

Ne dirait-on pas que le Christ Rédempteur a voulu associer Colomb à ce triomphe de l'instrument de son supplice, pour montrer au monde avec quelle fidélité le serviteur a suivi les traces du Maître. La croix, en effet, ne vient-elle pas résumer sa vie? N'est-elle pas le symbole de son apostolat et de son martyre ?

Il y a dans la vie de Christophe Colomb d'autres faits extraordinaires que la raison humaine est impuissante à expliquer, et dont l'examen doit être laissé au jugement de l'Église.

Cette vie jette assez de rayonnement pour qu'au dernier Concile, plus de neuf cents prélats, cardinaux, archevêques et évêques aient signé une supplique, sollicitant du Souverain Pontife l'introduction de la cause de béatification du grand explorateur.

Sans préjuger les décisions de Notre Mère, la Sainte Église, on devine aisément avec quels transports de joie, avec quels tressaillements d'allégresse le monde catholique bénirait le jour où la louange viendrait se changer en prière sur ses lèvres. Y aurait-il plus magnifique commentaire, plus sublime extension à la parole du Souverain Pontife : « Il est bien nôtre? »

Comme sa vie, l'œuvre de Christophe Colomb proclame sa gloire. Cette œuvre s'épanouit au soleil de Dieu, dans la variété de son développement et avec l'aspect imposant de ses gigantesques proportions.

Sur ces îles, sur ce double continent, sur ces pays d'outre-mer entrés depuis quatre siècles dans la communion des peuples, ont passé tous les souffles de civilisation et de christianisme. A côté de germes étouffés par la violence et la malice des hommes, de fruits qui n'ont pu arriver à maturité, il y a eu de riches moissons pour les greniers du père de famille, l'épanouissement de belles fleurs divines, comme cette Rose de Lima, cette radieuse fille de saint Dominique, que le bréviaire appelle la première fleur de sainteté des Indes.

Sur l'autre moitié du grand continent, un peuple s'est formé, peuple religieux, ardent au travail, puissant en œuvres, et qui donne depuis longtemps des leçons de liberté aux démocrates de la vieille Europe.

Aujourd'hui, entre les deux mondes, on peut le dire sans exagération, la fusion est complète, l'union consommée ; il n'y a plus d'Océan. Tous les jours, en effet, et à chaque instant du jour, des deux rivages de l'Atlantique, les peuples se parlent, se répondent, échangent non seulement leurs produits, mais leurs sentiments et leurs idées. Or, au moment où, entre toutes les fractions de la race humaine, s'établit cette communion plus intime, tout à coup des vents se sont levés qui poussent l'humanité entière vers de nouvelles destinées. Comme Colomb autrefois, elle est en marche vers des cieux nouveaux, vers une terre nouvelle. Le vaisseau, qui porte sa fortune, entre lui aussi dans une mer ténébreuse, pleine d'écueils et d'abîmes, où on sent que peuvent éclater de formidables orages ; on y entend, comme une plainte d'océan, le gémissement de la grande misère humaine. L'homme qui, ici-bas, voit de plus haut et de plus loin, a poussé le cri d'alarme et montre la route.

Va-t-on se briser contre les écueils ou aborder à un continent sauveur, à un San Salvador ?

Pour conduire l'humanité à travers tous les dangers, tous les périls de cette traversée, il faut ce que possédait, à un si haut degré, Christophe Colomb, je ne dirai pas le génie et la foi, parce que le génie, Dieu ne le met que sur des fronts prédestinés, mais la science et la foi.

Oui, il faut des hommes de science qui étudient ce monde humain, qui explorent cet Océan, le fouillent en ses profondeurs, en perçoivent tous les bruits, cherchent le moyen de prévenir la misère avant de la soulager, trouvent un adoucissement aux durs labeurs, un remède aux souffrances imméritées, comme l'a dit Léon XIII, de la plus grande partie de l'humanité.

Il faut des hommes de foi, de foi fortement trempée, qui ne se contentent pas d'affirmer énergiquement les grands principes chrétiens, de proclamer l'inévitable avortement de tout système qui voudrait exclure la foi, mais qui se mettent en contact incessant avec ce monde du travail, et, à l'exemple de Colomb dans le Nouveau Monde, qui soient toujours prêts à prendre le parti des faibles, des opprimés, à sacrifier à cette cause leur temps, leur repos, leur popularité, la faveur des riches et des puissants.

Si, dans cette marche du vaisseau de l'humanité, il n'est donné qu'à un seul d'être le Christophe Colomb, et celui-là nous le connaissons,

tous, quelque place obscure ou glorieuse que
Dieu nous ait assignée, comprenons qu'il n'est
pour nous qu'un but, qu'une gloire véritable
ici-bas : travailler, lutter, souffrir pour la réalisation du plan de Dieu dans le monde, en
être les apôtres et, s'il le faut, les martyrs.

PARIS
IMPRIMERIE A. QUELQUEJEU
10, Rue Gerbert